BEI GRIN MACHT SICH IHR WISSEN BEZAHLT

AF173259

- Wir veröffentlichen Ihre Hausarbeit,
  Bachelor- und Masterarbeit

- Ihr eigenes eBook und Buch -
  weltweit in allen wichtigen Shops

- Verdienen Sie an jedem Verkauf

Jetzt bei www.GRIN.com hochladen
und kostenlos publizieren

Jens Saathoff

Zum Begriff „Reformation"

GRIN Verlag

Bibliografische Information der Deutschen Nationalbibliothek:

Die Deutsche Bibliothek verzeichnet diese Publikation in der Deutschen National-
bibliografie; detaillierte bibliografische Daten sind im Internet über http://dnb.d-
nb.de/ abrufbar.

Dieses Werk sowie alle darin enthaltenen einzelnen Beiträge und Abbildungen
sind urheberrechtlich geschützt. Jede Verwertung, die nicht ausdrücklich vom
Urheberrechtsschutz zugelassen ist, bedarf der vorherigen Zustimmung des Verla-
ges. Das gilt insbesondere für Vervielfältigungen, Bearbeitungen, Übersetzungen,
Mikroverfilmungen, Auswertungen durch Datenbanken und für die Einspeicherung
und Verarbeitung in elektronische Systeme. Alle Rechte, auch die des auszugsweisen
Nachdrucks, der fotomechanischen Wiedergabe (einschließlich Mikrokopie) sowie
der Auswertung durch Datenbanken oder ähnliche Einrichtungen, vorbehalten.

Impressum:

Copyright © 1993 GRIN Verlag GmbH
Druck und Bindung: Books on Demand GmbH, Norderstedt Germany
ISBN: 978-3-656-46833-2

Dieses Buch bei GRIN:

http://www.grin.com/de/e-book/231312/zum-begriff-reformation

GRIN - Your knowledge has value

Der GRIN Verlag publiziert seit 1998 wissenschaftliche Arbeiten von Studenten, Hochschullehrern und anderen Akademikern als eBook und gedrucktes Buch. Die Verlagswebsite www.grin.com ist die ideale Plattform zur Veröffentlichung von Hausarbeiten, Abschlussarbeiten, wissenschaftlichen Aufsätzen, Dissertationen und Fachbüchern.

Besuchen Sie uns im Internet:

http://www.grin.com/

http://www.facebook.com/grincom

http://www.twitter.com/grin_com

Zum Begriff „Reformation"

von Jens Saathoff

Inhalt

1. Einleitung

Der Begriff der „Reformation" besitzt eine Fülle von Bedeutungen, die im unterschiedlichen Verständnis und Betrachtungsstandpunkt des jeweiligen Benutzers begründet ist. So führt Rainer Wohlfeil aus, daß der Begriff nicht nur innerhalb seiner geschichtlichen Entwicklung unterschiedliche Bedeutungen angenommen hat, sondern auch in seiner gegenwärtigen geschichtstheoretischen Verwendung unterschiedlich interpretiert wird.[1] Je nachdem, aus welchem Geschichtsverständnis heraus der Reformationsbegriff benutzt wird (z. B. aus politischer, theologischer, juristischer oder sozialgeschichtlicher Sicht), ändert sich auch seine Deutung. Somit ist die jeweilige Interpretation auch immer Ausdruck eines bestimmten geschichtswissenschaftlichen Erkenntnisansatzes. Die Vielzahl von möglichen Bedeutungsinhalten macht es erforderlich, daß bei der Verwendung des Reformationsbegriffs das jeweils zugrundeliegende Verständnis festgelegt und deutlich gemacht wird.[2]

Bei der Klärung des Reformationsbegriffs müssen offensichtlich zwei Untersuchungsebenen unterschieden werden. Zum einen existiert eine Ebene, die sich auf die Begriffsbedeutung in ihrer geschichtlichen Entwicklung bezieht und versucht, das Verständnis von „Reformation" zur jeweiligen Zeit der Begriffsbenutzung und der Entstehung entsprechender Textquellen zu untersuchen. Zum anderen handelt es sich um eine Ebene, auf der eine Begriffsdeutung aus heutiger, geschichtstheoretischer Sicht vorgenommen wird. Hier wird also betrachtet, wie dieser Begriff gegenwärtig eingesetzt wird, um auf der Grundlage von Analyse und Interpretation zu einer Kennzeichnung bestimmter historischer Ereignisse und Prozesse zu gelangen. Zu beachten ist dabei, daß auf beiden Ebenen aus verschiedenartigen Perspektiven wiederum unterschiedliche Begriffsauffassungen resultieren.[3]

Der ausgeführten Unterscheidung folgend soll zunächst die Begriffsbedeutung hinsichtlich ihrer geschichtlichen Entwicklung betrachtet und daraufhin der Begriff in seiner Anwendung als wissenschaftliche Kategorie behandelt werden.

[1] Wohlfeil: Einführung in die Geschichte der deutschen Reformation. München: 1982. S. 44f.
[2] Laube: Überlegungen zum Reformationsbegriff. Stuttgart 1989. S. 24.
[3] Ebd.

2. Die Begriffsgeschichte von „Reformation"

Bei der Betrachtung der Begriffsgeschichte werden hier in erster Linie die Ausführungen zum Begriff „Reformation" aus Otto Brunners Werk „Geschichtliche Grundbegriffe" referiert.[4]

2.1 Die antike Verwendung von „reformatio"

Im Lateinischen ist das Verb „reformare", das einer spätgriechischen Form entspricht, früher zu belegen als das Substantiv „reformatio". Es ist zunächst bei Ovid und dann auch bei Apuleius anzutreffen. Dabei besitzt „reformare" in der Verwendung beider Dichter einen poetischen, jedoch keinen politischen Bezug und bezeichnet die körperliche Verwandlung in eine frühere Gestalt, wobei impliziert wird, daß der frühere Zustand sich durch höhere Qualität auszeichnet. Im ersten Jahrhundert nach Christus beginnt die Bedeutung von „reformare" aus dem rein poetischen auch in den politisch-ethischen Bereich übertragen zu werden. Hier ist für die Bedeutung die Vorstellung grundlegend, daß der fortschreitende Verfall und die Verderbnis augenblicklicher Zustände eine Veränderung notwendig machen und daß sich diese Veränderung durch Besinnung auf und Rückkehr zu den besseren Zuständen früherer Zeiten vollzieht. Somit stellt die Verfallenheit eine Voraussetzung für die Umwandlung und der vergangene Zustand einen Orientierungsmaßstab für die notwendig gewordene Veränderung dar. Hier besitzt „reformare" also eine normative Bedeutung. Innerhalb dieses Bedeutungsbereiches werden nun auch die Formen „reformatio" und „reformator" in den Sprachgebrauch eingeführt.[5] Abgesehen von dieser normativen Bedeutung bezeichnet „reformare" zu jener Zeit auch den Vorgang der materiellen Wiederherstellung, ohne damit eine Wertbezogenheit auszudrücken. Anzumerken ist zudem, daß der Begriff „reformatio" im Lateinischen ebenso Bestandteil der juristischen Terminologie ist.[6] Von der häufig sehr spezifischen rechtswissenschaftlichen Begriffsbedeutung soll jedoch an dieser Stelle wie auch im folgenden abgesehen werden, soweit sie sich nicht als wichtig für die allgemeine Entwicklung erweist.

---

[4] Brunner: Geschichtliche Grundbegriffe. Stuttgart 1984.
[5] Ebd. S. 313.

In der Bibel sind die Begriffe „reformatio" und „reformare" in Röm. 12,2 und Phil. 3,21 des Neuen Testaments zu finden. Im biblischen Sprachgebrauch bezeichnen diese Begriffe die Verwandlung des Menschen zu einem Status höherer Qualität. Für diese Verwandlung des Menschen ist nicht nur maßgeblich, daß sie sich am ursprünglichen Schöpfungszustand orientiert, sondern es wird betont, daß es sich ebenso um eine Neugestaltung handelt, mit der sich die heilsgeschichtliche „religiöse Vollendung"[7] des Menschen vollzieht. Damit erhält diese Umgestaltung den Anspruch, nach dem Ebenbild Gottes zu erfolgen.

Auch im patristischen Sprachgebrauch enthält „reformatio" sowohl bei den griechischen als auch bei den lateinischen Kirchenvätern einen eschatologischen Bezug. Bei den griechischen Kirchenvätern kennzeichnet der Begriff die Vorstellung, daß der ursprüngliche Paradieszustand und die nach dem Sündenfall verlorene Gottebenbildlichkeit des Menschen wiederhergestellt werden. In der lateinischen Patristik existieren verschiedene Begriffsausprägungen. So steht „reformatio" für die Vorstellung von der durch die Taufe begonnenen und sich später fortsetzenden Wiedergeburt, für die Auferstehung als Rückkehr zu den Ursprüngen und für die Bekehrung zum Christentum.

Bei Ambrosius erhält der Reformationsbegriff einen neuen Aspekt, der die theologische Bedeutung auch später geprägt hat. „Reformatio" wird von ihm verstanden als die Verwandlung zu einem qualitativ höheren Zustand, als er bei der Schöpfung vorgelegen hat. Somit wird für die Veränderung des Menschen kein Vorbild in der Vergangenheit, sondern nur eine Orientierung am Gottesideal angenommen.[8]

Zusammenfassend lassen sich in der Antike zwei Bedeutungen des Reformationsbegriffs erkennen. Im profanen Sprachgebrauch bezeichnet „reformatio" die aufgrund der gegenwärtigen Verderbnis notwendig gewordene Rückkehr zu einem früheren, besseren Zustand, der für die Verwandlung normgebend ist. Und im religiösen Sprachgebrauch wird dieser Begriff verstanden als die im eschatologischen Kontext zu sehende Veränderung auf ein Gottesreich hin, wobei die Umwandlung sich hier nicht an einem früheren Zustand orientiert.

---

[6] Vgl. Brunner: Geschichtliche Grundbegriffe. Stuttgart 1984, S. 314
[7] Brunner: Geschichtliche Grundbegriffe. Stuttgart 1984. S. 315.
[8] Ebd. S. 316.

2.2 Der Reformationsbegriff des Mittelalters

Die mittelalterlichen Vorstellungen von „reformatio" knüpfen an die in der Spätantike vertretenen Auffassungen an. „Reformare" bezeichnet danach ein Handeln, das die von Gott erschaffene und somit vollkommene Weltordnung wiederherstellt, nachdem sie durch Fehler verändert bzw. zerstört worden ist. Veränderungen werden aufgefaßt als Abkehr von der gottgewollten Ordnung, von einem vollkommenen Zustand.[9] Die Verwendung des Begriffs „reformatio" ist zunächst hauptsächlich auf den kirchlichen Bereich beschränkt. Dabei orientiert sich die mit der Reformation assoziierte Verbesserung an einem als ideal gedachten Zustand göttlicher Schöpfung. Betrachtet man, welche konkreten Formen reformierendes Handeln annimmt, so ist festzustellen, daß es darauf abzielt, solche Verhältnisse zu ändern, die Abweichungen von den gültigen Vorschriften aufweisen. Im 11. und 12. Jahrhundert vollziehen sich kirchliche Reformen vor allem als Klosterreformen, die darauf ausgerichtet sind, dem „Verfall der Klosterdisziplin und der Verkümmerung der religio"[10] entgegenzuwirken.

Im profanen Sprachgebrauch tritt „reformatio" als Ausdruck politischer Vorstellungen neben den Begriff „renovatio". Während „renovatio" die Wiedereinführung und -aufnahme bereits vergangener Zustände bezeichnet, steht „reformatio" für die Rückkehr zu Verhältnissen, die zwar schon in Mitleidenschaft gezogen, aber nicht völlig zerstört sind, also in Teilen noch in der Gegenwart vorliegen. Der Reformationsbegriff bezieht sich auf Zustände, die verderbt, aber noch nicht verloren sind. Dabei wird impliziert, daß alles Alte einen Vorzug vor Neuem besitzt.

Im 14. Jahrhundert verbreitet sich dann die Vorstellung, daß die gesamte Institution von Kirche und Reich einer Reform bedarf. Als veränderungsbedürftig werden nicht einzelne Fehler des Systems angesehen, sondern die Dinge in ihrer Gesamtheit. Solche Vorstellungen von einer bevorstehenden grundsätzlichen Veränderung tragen teilweise schon apokalyptische Elemente.[11]

---

[9] Wohlfeil: Einführung in die Geschichte der deutschen Reformation. München 1982. S. 46.
[10] Brunner: Geschichtliche Grundbegriffe. Stuttgart 1984. S. 317.
[11] Ebd. S. 318-320.

2.3 Der Reformationsbegriff im 15. und 16. Jahrhundert

Angesichts der nicht mehr zu übersehenden Mißstände in Kirche und Reich wird der Reformationsbegriff im 15. Jahrhundert zu einem Schlagwort, das „unbestimmte Hoffnungen" und „weitgespannte Erwartungen"[12] beinhaltet. Veränderungen zum Besseren werden bei einem Glauben an eine wechselseitige Bedingtheit von Geistlichkeit und Weltlichkeit in allen Lebensbereichen erhofft. Die Vorstellung eines bald drohenden Weltendes verstärkt die Überzeugung von der Notwendigkeit, gesamtgesellschaftliche Besserung und Umkehr zu suchen. Dabei lassen sich für die Forderungen nach einer Reformation der verfallenen Ordnung zwei Ausrichtungen erkennen. Zum einen wird die Wiederherstellung des ursprünglich von Gott gewollten und bestimmten gesellschaftlichen Zustandes erhofft. Zum anderen wird aber auch schon erkannt, daß die althergebrachten Zustände den Erfordernissen der Zeit angepaßt werden müssen.[13] Der in der letzteren Ausrichtung deutlich werdende Bedeutungswandel von „Reformation" zeigt sich insbesondere im Anwendungsbereich der Justiz, der Universitäten und der Verwaltung. So wird mit „Reformation" hier die Modernisierung und Neuordnung von Rechten und Satzungen bezeichnet. Während im kirchlichen Bereich die altkirchlichen Zustände deutlicher denn je als Orientierungs-maßstab für alle Verbesserungen herausgestellt werden, büßen im profanen Sprachgebrauch die Normen der Vergangenheit an Bedeutung ein und wird die angestrebte Veränderung immer mehr als innovatorische Verbesserung verstanden, die von zweckrationalen Kriterien bestimmt ist.[14] Die Unterschiedlichkeit der beiden Begriffsinhalte bleibt auch im 16. Jahrhundert bestehen, ja sie verstärkt sich sogar noch.

Luthers Vorstellungen von einer Erneuerung der Kirche beinhalten ebenfalls die Rückkehr zum Ursprünglichen, zur christlichen Urgemeinschaft und zur alten Kirche. Wichtig ist hierbei, daß Luther rein äußere Veränderungen als unzureichend ansieht. Die eigentliche Reformation ist durch ein spirituales Element bestimmt und wird durch Gott vollzogen. Die Menschen müssen dabei jedoch die Aufgabe wahrnehmen, die Mißbräuche ihrer Zeit zu beseitigen. Interessanterweise hat Luther selbst den Begriff der Reformation nur relativ selten benutzt und sich dabei auf die Verbesserung äußerer

12 Wohlfeil: Einführung in die Geschichte der deutschen Reformation. München 1982. S. 16.
13 Ebd. S. 47
14 Brunner: Geschichtliche Grundbegriffe. Stuttgart 1984. S. 325.

Zustände und die Abschaffung von Mißständen wie z. B. den Ablaß bezogen. Die Gegenseite Luthers verwendet „Reformation" in der Regel als Bezeichnung für die Wiederherstellung der alten äußeren Ordnung von Institutionen und Riten. Die altkirchliche Partei bedient sich dieser Bedeutung in Verpflichtung zur Tradition des 15. Jahrhunderts, aber nicht zuletzt auch aus der Notwendigkeit heraus, den Forderungen Luthers in konstruktiver Weise entgegentreten zu müssen, indem sie zur Disziplinierung des Klerus und der Abschaffung der Mißbräuche aufruft.[15]

In den reformatorischen Programmen des Jahres 1525 dient der Begriff „Reformation" als übergeordnete Formel für die in Radikalität und regionalem Ursprung unterschiedlichen Forderungen. Dabei umfaßt er sowohl die Bedeutung einer Rückorientierung am Vorbild althergebrachter Zustände als auch die einer Modernisierung und Neuordnung von Regeln und Satzungen. Im Bauernkrieg wird seinem radikalen Ausmaße entsprechend der Reformationsbegriff im Hinblick auf die erhofften tiefgreifenden gesellschaftlichen Veränderungen verwendet. Teilweise wird die Umwälzung der Herrschaftsverhältnisse auch erst als Voraussetzung einer zukünftigen Reformation angesehen.[16] Somit stehen in den reformatorischen Bewegungen und ihrem Höhepunkt des Bauernkriegs Begriffsauslegungen nebeneinander, die zum einen an vergangenen Normen und zum anderen an zukünftigen Erfordernissen orientiert sind. Im altkirchlichen Anwendungsbereich bedeutet „Reformation" aber auch weiterhin die Verbesserung der kirchlichen Institutionen im Sinne einer Rückkehr zum Urchristentum.

Eine neue Bedeutung des Reformationsbegriffs tritt in der zweiten Hälfte des 16. Jahrhunderts hinzu. Die Kirchenspaltung führt dazu, daß „Reformation" zur Bezeichnung der Konfession verwendet wird. Dabei beanspruchen zunächst die Kirchen lutherischen Bekenntnisses die als Auszeichnung empfundene Benennung „reformiert". Später kommt es zu einem Streit innerhalb der evangelischen Konfessionen, da die Calvinisten diese Bezeichnung für sich alleine in Anspruch nehmen. Als Ergebnis dieser Auseinandersetzung setzen sich gegen Ende des 16. Jahrhunderts die unterschiedlichen Benennungen „reformiert" und „lutherisch" durch, wobei die Bezeichnung „reformiert" erst im Westfälischen Frieden von 1648 anerkannt wird.[17]

---

[15] Brunner: Geschichtliche Grundbegriffe. Stuttgart 1984. S. 325-327.
[16] Ebd. S. 327f.
[17] Ebd. S. 328f.

2.4 Das Begriffsverständnis des 17. Jahrhunderts

Im 17. Jahrhundert entwickelt sich „Reformation" zu einem Begriff zur Kennzeichnung eines kirchengeschichtlichen Ereigniskomplexes im 16. Jahrhundert. In dieser Weise wird der Begriff sowohl von Calvinisten als auch von Lutheranern benutzt, wenn auch mit unterschiedlichen Vorstellungsinhalten. Nach calvinistischer Vorstellung begann der Reformationsvorgang mit den Predigten Zwinglis von 1516. Die Leistungen Luthers werden von Calvinisten zwar ebenso als bedeutsam gewertet, doch besteht die Ansicht, daß die Wiederherstellung der Kirche und ihrer Lehre von Calvinisten und Lutheranern gemeinsam vollzogen wurde. Dagegen stellt aus lutherischer Sicht die Reformation einen Vorgang dar, der eng auf das Wirken Luthers bezogen ist. Sie wird aufgefaßt als ein von Gott initiierter und notwendiger, einmaliger kirchen-geschichtlicher Vorgang zur Wiederherstellung der Kirche und ihrer reinen, ursprünglichen Lehre. Wichtig für das lutherische Verständnis ist, daß Luthers Lehren nicht als neue, gesamtgesellschaftlich reformierende Verkündigungen aufgefaßt werden, sondern als religiös-kirchliche Rückkehr zum Ursprung.[18]

2.5 „Reformation" als Bezeichnung einer Epoche

Die Fixierung des Begriffs „Reformation" auf das kirchengeschichtliche Ereignis des 16. Jahrhunderts verfestigt sich im 18. Jahrhundert zu einer Epochenbezeichnung. „Reformation" bezeichnet damit die Zeit von etwa 1517-1555, in der das gottgewollte Wirken Luthers die Kirche von den Mißbräuchen ihrer Zeit befreit hat. Diese Begriffsdefinition besteht um die Mitte des Jahrhunderts.[19]

In der folgenden zweiten Hälfte des Jahrhunderts kommt es jedoch zu Be-deutungsverschiebungen, infolge derer der Begriff unter anderem auch auf die eigene Zeit bezogen wird. Diese Bedeutungsveränderungen vollziehen sich insbesondere in Verbindung mit pietistischen Strömungen. Nach lutherischem Verständnis war die Reformation ein heilsgeschichtlich bestimmter, von Gott bewirkter und historisch einmaliger Vorgang, der die reine Lehre wiederhergestellt hat. Diese Lehre gilt es nur

---

[18] Wohlfeil: Einführung in die Geschichte der deutschen Reformation. München 1982. S. 48f.
[19] Brunner: Geschichtliche Grundbegriffe. Stuttgart 1984. S. 331.

noch zu bewahren. Der Pietismus versteht dagegen „Reformation" als immer noch bestehende „Aufgabe und weiterwirkendes Ereignis".[20]

Die Aufklärungsphilosophie betrachtet die Reformation als Beginn eines Prozesses, der die eigenen aufklärerischen Ideale und Vorstellungen verwirklicht, eine geistige Erneuerung vollzieht. Die Reformation ist danach kein einzigartiges, in sich geschlossenes Ereignis, sondern der Anfang eines noch zu vollendenden Vorganges.

Trotz des im Pietismus und der Aufklärung bestehenden Begriffsverständnisses mit zeitgenössischen Bezügen wird die Auffassung von „Reformation" als Epochenbezeichnung insofern bekräftigt und bestätigt, als in zunehmendem Maße neben den kirchengeschichtlichen und theologischen auch politische Ereignisse mit dem Begriff der Reformation erfaßt werden. Die Reformation erweist sich damit als gesamtgesellschaftlich bedeutsam und kann als 'epochemachend' und Charakteristikum eines abgeschlossenen, historischen Zeitraums verstanden werden. Allerdings dauert es noch bis zum Beginn des 19. Jahrhunderts bis „Reformation" in verbindlicher Weise als epochenbezeichnender Begriff charakterisiert bzw. festgelegt wird.[21]

3. „Reformation" als kategorisierender Begriff heutiger Geschichtstheorie

Soll „Reformation" als Analysebegriff verwendet werden, um die Strukturen und Prozesse der historischen Ereignisse im 16. Jahrhundert zu kennzeichnen, so ist zunächst darzulegen, was einen solchen Einsatz des Begriffs berechtigt bzw. erforderlich macht. Sind die damaligen reformatorischen Bewegungen als so spezifisch anzusehen, daß sie zur Kategorisierung eines eigenen Begriffes bedürfen und nicht durch vorhandene Begriffe wie „Reform" oder „Revolution" gefaßt werden können? Daher sollen nun die Spezifik der Ereignisse und die Notwendigkeit einer eigenen Begrifflichkeit erläutert werden, wozu die Ausführungen Alfred Laubes herangezogen werden.[22]

Die Bedingungen, aus denen heraus sich die reformatorischen Bewegungen entwickelten, waren bestimmt durch den „beginnenden Übergang vom Feudalismus zum Kapitalismus"[23]. Die sich aus diesem Übergang ergebende Krise wurde dadurch

---

[20] Brunner: Geschichtliche Grundbegriffe. Stuttgart 1984. S. 331f.
[21] Ebd. S. 332-334.
[22] Laube: Überlegungen zum Reformationsbegriff. Stuttgart 1989. S. 23-32.
[23] Ebd. S. 26.

verschärft, daß die römische Kirche als bestimmende Macht jener Zeit, die alte Ordnung nicht zu stabilisieren vermochte, sondern aufgrund der in ihr zu beobachtenden Mißstände selbst als in höchstem Maße reformbedürftig empfunden wurde. So richtete sich der Ruf nach Reformen auch zunächst an die Kirche. Es war jedoch keine gesellschaftliche Kraft in der Lage, die sich aus dem gesellschaftlichen Wandel ergebenden Probleme zu bewältigen; unternommene Reformbemühungen scheiterten.

Charakteristisch für die Zeit der Reformation ist ebenso, daß die reformatorischen Vorstellungen und insbesondere Luthers Lehren aufgrund der vielen Einzelinteressen an gesellschaftlichen Veränderungen von einer Massenbasis aufgenommen und weitergetragen wurden. So entstand eine „ideologische Plattform"[24], die Luthers Bemühungen unterstützte und die Verwirklichung der Reformation erst möglich machte.

Die Rechte der Kirche wurden auf allen Gebieten in Frage gestellt, die kirchliche Monopolstellung eingeschränkt und in gleichem Maße die Herrschaftsansprüche der weltlichen Obrigkeit gestärkt. Die Verschiebung der politischen Machtverhältnisse beinhaltete auch eine Veränderung der Eigentumsstrukturen, was für die antifeudale Entwicklung Bedeutung gewann. Mit der Radikalisierung der Reformationsbemühungen, die im Bauernkrieg ihren Höhepunkt fand, gewannen die antifeudalen Ströme an Gewicht. Der „Wunsch nach Befreiung von herrschaftlichen Zwängen und der verfestigten hierarchisch-ständischen Gesellschaft überhaupt"[25] wurde immer lauter; der Protest richtete sich nicht mehr nur gegen die kirchliche Obrigkeit. Insofern trug die Reformation sicherlich revolutionäre Elemente, beschränkte sich aber nicht auf diese; eine reformerische Komponente war auch zu Zeiten der Radikalisierung vorhanden. Die Obrigkeiten unterstützten und tolerierten die Reformation in pragmatischer Weise so weit, daß sie ihre Macht erhalten, ihre Politik und eigenen Interessen durchsetzen konnten. Nach der Niederschlagung des Bauernkrieges wurde die Reformation vornehmlich durch die reformerische Komponente bestimmt. Sie behielt aber Eigenarten, die sie von einem reinen Reformprozeß unterschieden. So setzten sich radikale Strömungen z. B. in den Täuferbewegungen fort, und der Übergang vom Feudalismus zum Kapitalismus wurde von den reformatorischen Bemühungen weiterhin unterstützt, die bürgerlichen Kräfte von ihnen gefördert. Ein weiteres Charakteristikum der Reformation besteht darin, daß Luthers Theologie im

---

[24] Laube. Überlegungen zum Reformationsbegriff. Stuttgart 1989. S. 28.
[25] Dülmen: Reformation als Revolution. München 1977. S. 60.

Unterschied zu vorhergehenden Erneuerungsbewegungen wie dem Humanismus mit den alten Ideologien gänzlich brach, eine „Theologie mit revolutionärer Sprengkraft"[26] war.

Deutlich geworden sind die Spezifik der Ereignisse und ihre Abgrenzung zu rein reformerischen oder revolutionären Erscheinungen. Hieraus begründet sich nach Laube die Berechtigung, „Reformation" als wissenschaftlichen Analysebegriff heutiger Geschichtstheorie einzusetzen.

4. Fazit

Bei der Betrachtung der Begriffsgeschichte haben sich mehrere Entwicklungsstufen feststellen lassen. Für die Spätantike zeigt sich eine Begriffsbedeutung, die bestimmt ist von einem Vergangenheitsbezug und einer normativen Ausrichtung. Im biblischen und religiösen Sprachgebrauch ist der normative Gehalt ebenso vorhanden. Allerdings wird weniger ein tatsächlicher früherer Zustand als Maßstab der Veränderung angesehen, sondern ein zu erreichendes Gottesideal.

An die spätantiken Bedeutungen knüpfen die mittelalterlichen Begriffsvorstellungen an. Dabei tritt im 14. Jahrhundert ein konkreter Bezug auf die im ganzen Reich zu beobachtenden Mißstände hinzu, die es durch eine ganzheitliche Umkehr zu verbessern gilt. In der Reformationszeit, in der sich die Veränderungsforderungen verschärfen, tritt neben die Rückkehr zum Ursprünglichen auch der Gehalt einer innovativen Verbesserung, mit der eine Anpassung an die gegebenen Erfordernisse erreicht werden soll. Im 16. Jahrhundert existiert zudem „reformiert" aufgrund der vollzogenen Kirchenspaltung als Konfessionsbezeichnung. In der folgenden Entwicklung erfährt „Reformation" insofern eine Bedeutungsverengung, als dieser Begriff mehr und mehr als Bezeichnung für die von Luthers Wirken bestimmte Epoche verwendet wird. Als Epochenbezeichnung ist dieser Begriff spätestens zu Beginn des 19. Jahrhunderts festgelegt.

In Verbindung zur Epochenkennzeichnung ist auch die heutige geschichtswissenschaftliche Verwendung des Begriffs zu sehen. Als wissenschaftlicher Analysebegriff kennzeichnet „Reformation" die aufgezeigte Spezifik der Reformationsereignisse, wobei dieser Begriff insbesondere eine Abgrenzung zu sonstigen in der

---

[26] Laube: Überlegungen zum Reformationsbegriff. Stuttgart 1989. S. 30.

Geschichte vorzufindenden Reformen oder revolutionären Geschehnissen zu leisten vermag.

Literaturverzeichnis

Brunner, Otto: Geschichtliche Grundbegriffe: historisches Lexikon zur politisch-
sozialen Sprache in Deutschland. Bd. 5. Stuttgart: Klett 1984.

Dülmen, Richard van: Reformation als Revolution. Soziale Bewegung und religiöser
Radikalismus in der deutschen Reformation. München: DTV 1977.

Laube, Adolf: Überlegungen zum Reformationsbegriff. In: Reformation und
Revolution. Beiträge zum politischen Wandel und den sozialen Kräften am Beginn
der Neuzeit. Festschrift für Rainer Wohlfeil zum 60. Geburtstag. Hg. von Rainer
Postel u. Franklin Kopitzsch. Stuttgart: Franz Steiner Verlag 1989. S. 23-32.

Wohlfeil, Rainer: Einführung in die Geschichte der deutschen Reformation.
München: Beck 1982.